Lb 853.

HEUREUX AVENIR
DE LA
FRANCE.

Ceignez votre épée, et faites éclater votre gloire et votre majesté.
Ps. 46. 4.

LE ROI DISSIPE TOUS LES MAUX
PAR SON SEUL REGARD.
Pr. 20. 8.

Montpellier, chez SEGUIN.

HEUREUX AVENIR,
DE LA
FRANCE.

VISION.

Moi, Joseph, fils de François, fils de Dominique, l'an 1828 de l'ère chrétienne, 14 de la restauration, le 12 avril, anniversaire d'un jour qui me rappelait les plus doux souvenirs, à 5 heures 10 minutes du matin, un peu avant le lever du soleil, je m'endormis profondément.

Et je vis dans un grand vivier, un beau poisson couvert d'écailles brillantes et dorées, qui portait sur son dos des insectes blancs, bleus et rouges.

Et ces insectes cherchaient à pénétrer avec leur aiguillon l'écaille dont il était couvert.

Et ce beau poisson couvert d'écailles brillantes et dorées se sentant frappé, allait et venait à droite et à gauche, dans l'inquiétude où il était.

Et je le perdis de vue.

Et tout-à-coup j'aperçus dans le lointain une lumière brillante comme un soleil légèrement voilé.

Et je distinguai dans les environs une campagne riante, et au milieu un bel édifice bâti sur la pierre, qui était soutenu par des colonnes d'or.

Et je le considérai avec un extrême plaisir.

Et j'aurais voulu atteindre a cette lumière brillante et à ce pays charmant ; mais il y avait devant moi un grand précipice que je ne pouvais franchir.

Et je vis ensuite des gens qui allaient et venaient dans un vaste édifice, et qui en sortaient les uns après les autres.

Et ces gens parlaient beaucoup sans rien faire.

Et ils criaient contre les maux présens, sans y porter remède.

Et ils élevaient, comme font les enfans, de petits châteaux de cartes, et bientôt après, ils revenaient sur leurs pas et les renversaient.

Et ils disaient : *L'avenir nous appartient, nous voulons être libres, et nous le serons.*

Et il sortait du côté gauche de cet édifice, une grande fumée comme d'une grande fournaise ; et l'air en était obscurci.

Et tout-à-coup, je vis sortir de cette fumée un homme couvert d'une robe rouge.

Et des gens chamarés de rubans et de cordons portaient la queue de sa robe qui était fort longue.

Et cet homme avait sur la tête un bonnet rouge orné d'un joyau de pierre fausse semblable à un rubis.

Et il était suivi de gens à demi-vêtus, qui n'avaient point de ceintures et qui marchaient pieds-nus.

Et sur son front étaient écrits les caractères suivans :

E S R C P L G D L.

Et il leur distribuait des pièces d'or.

Et il y avait devant un morceau de bois doré, sur lequel il se tenait assis comme sur un trône, un réchaud rempli de charbons ardens, et de l'encens dans un vase.

Et les hommes à demi-vêtus jetaient de l'encens dans le réchaud, avant que de recevoir de sa main les pièces d'or.

Et il leur montrait un long parchemin écrit, qu'il déroulait à leurs yeux ébahis.

Et je vis avec surprise, que ce parchemin se recoquillant tout-à-coup, se mit à rouler sur lui-même.

Et il roulait avec une grande rapidité; et une quantité de gens couraient après le p rchemin ; et cela occasionait un mouvement perpétuel dont j'étais tout étonné.

Et l'homme au bonnet rouge leur distribuait des morceaux de papier en forme d'amulettes, couverts de caractères mystérieux qu'on appelait des additions.

Et ces amulettes devaient préserver de tous les accidens fâcheux.

Et beaucoup de gens malades en demandaient.

Et les malades souffraient toujours et ne guérissaient pas.

Et j'aperçus dans les airs une croix lumineuse, entourée d'une couronne de feu.

Et le cercle que la couronne faisait autour de la croix, roulait toujours sur lui-même.

Et il n'avait ni commencement ni fin.

Et bien des gens disaient que cette croix lumineuse était un cerf-volant.

Et d'autres fermaient les yeux pour ne pas la voir.

Et je vis ensuite une échelle d'or d'une grandeur si merveilleuse, qu'elle touchait jusqu'à la croix lumineuse.

Et cette échelle était entourée d'épées, de rasoirs et de pointes acérées.

Et elle était si étroite, qu'à peine on pouvait y passer un à un.

Et je vis avec admiration que, s'étant inclinée doucement, elle touchait à ce pays charmant que j'apercevais dans le lointain.

Et elle traversait comme un pont le grand précipice que je ne pouvais franchir.

Et il y avait tout à l'entour des monstres horribles qui tendaient des piéges à ceux qui voulaient monter sur ce pont, et qui les effrayaient par leurs cris.

Et je vis que ceux qui montaient sur ce pont, se laissaient tomber dans le précipice, par maladresse ou autrement, après avoir fait quelques pas.

Et je vis venir des hommes portant sous le bras de grands porte-feuilles de couleur verte.

Et ces hommes montaient hardiment sur le pont pour le traverser.

Et, comme ils ne suivaient pas des yeux la croix lumineuse qui était en face, ils tombaient bientôt honteusement, les uns après les autres, dans le précipice.

Et j'en voyais d'autres qui voulaient traverser le pont en dansant.

Et j'étais tout tremblant de les voir voltiger sur cet abyme dans lequel il finissaient par tomber.

Et tout-à-coup je vis paraître un homme d'une figure noble et chevaleresque, qui avait autour de sa tête un cercle lumineux formé de dix fleurs de lis, brillantes comme des étoiles.

Et il portait de la main gauche une oriflamme qui flottait dans les airs.

Et j'entendis une voix éclatante qui disait : *Fixez toujours la Croix, vous vaincrez par ce signe.*

Et ce brave chevalier étant monté sur le pont pour le traverser, d'horribles clameurs se firent entendre.

Et je tremblais qu'il ne se troublât, et qu'il ne tombât dans le précipice ; mais il avançait toujours d'un pas ferme et assuré.

Et les clameurs continuaient de plus en plus.

Et des gens armés de piques et de poignards montaient sur le pont pour le renverser.

Et ils étaient suivis de l'homme au bonnet rouge qui les commandait.

Et je tremblais fort pour le beau chevalier ; mais, faisant tout-à-coup volte-face et tirant son épée du fourreau, il les arrêta par sa fière contenance et son regard majestueux.

Et à mesure qu'ils avançaient, interdits et frappés de terreur à l'aspect de sa majesté, ils chancelaient.

Et les uns après les autres tombaient dans le précipice.

Et il ne restait plus que l'homme au bonnet rouge, qui, se retournant tout-à-coup, se mit à fuir.

Et je vis les amis du beau chevalier qui,

étant accourus, arrêtaient dans sa fuite, l'homme au bonnet rouge, et le percèrent de leurs épées.

Et alors des cris de joie et de victoire retentirent de toutes parts.

Et j'entendis une voix éclatante qui disait : LE CHEVALIER AUX DIX ÉTOILLS A TOUT SAUVÉ, COMME IL AVAIT ÉTÉ PRÉDIT.

Et aussitôt les épées, les rasoirs et les pointes acérées qui bordaient l'échelle d'or, tombèrent avec un grand fracas dans le précipice.

Et le chevalier aux dix étoiles, suivi des acclamations d'un peuple immense, acheva majestueusement sa carrière.

Et le parchemin qui roulait sur lui-même, roula, sans s'arrêter, jusque dans le grand précipice

Et le précipice disparut, sans qu'il en restât aucun vestige.

Et je vis arriver un bel enfant, qu'un guerrier semblable à un archange conduisait par la main.

Et cet enfant se jouait avec les armes brillantes du guerrier.

Et ce bel enfant me regardait en souriant.

Et m'étant approché de lui pour le caresser, il disparut ; et je me réveillai.

CELA VA BIEN ; VOUS ÊTES TOUS DES PEUREUX.

Les libéraux aux royalistes. — CELA VA BIEN ; le Roi n'a plus d'ennemis en France. De quoi avez-vous peur ?

Les royalistes. — Nous avons peur qu'en disant que TOUT VA BIEN, on ne donne au Roi le titre de RESTAURATEUR DE LA LIBERTÉ, comme on le donna à l'infortuné Louis XVI pour l'entretenir dans la sécurité.

Les libéraux aux magistrats. — Et vous, de quoi avez-vous peur ?

Les magistrats. — Nous avons peur que ce peuple révolté ne nous massacre et ne nous tue sur les marches de l'hôtel de ville, comme il le fit au prévôt des marchands et à l'intendant de Paris.

Les libéraux aux manufacturiers. — Et vous, de quoi avez-vous peur?

Les manufacturiers. — Nous avons peur que nos manufactures ne soient de nouveau pillées et incendiées, comme on le fit au commencement de la révolution.

Les libéraux aux rentiers. — Et vous, de quoi avez-vous peur?

Les rentiers. — Nous avons peur de la création d'un nouveau papier-monnaie, nous ressouvenant des assignats qui nous ont ruinés.

Les libéraux. — Vous êtes tous des sots, il fallait acheter des biens nationaux.

Aux ecclésiastiques. — Et vous, de quoi avez-vous peur?

Les ecclésiastiques. — Nous avons peur qu'on n'attaque bientôt nos dogmes les plus sacrés, et qu'on ne renverse la religion catholique en France.

Les libéraux. — Soyez tranquilles! nous ferions plutôt un patriarche pour la conserver.

Aux évêques. — Et vous, de quoi avez-vous peur?

Les évêques. — Nous avons peur qu'on ne *dépouille l'Église gallicane de ses libertés*, et qu'on ne nous force de quitter nos croix, nos rochets, nos calottes.

Les libéraux aux curés. — Et vous, de quoi avez-vous peur?

Les curés. — Nous avons peur qu'on ne nous chasse de nos paroisses, si nous ne faisons pas le serment civique.

Les libéraux aux épiciers. — Et vous, de quoi avez-vous peur?

Les épiciers. — Nous avons peur qu'on ne livre nos boutiques au pillage, et que le peuple ne casse les vitres de nos maisons.

Les libéraux. — Soyez tranquilles, *le peuple a donné sa démission.*

Aux officiers du château. — Et vous, de quoi avez-vous peur?

Les officiers du château. — Nous avons peur que les princes et princesses ne partent un soir pour Varennes.

Les libéraux. — Nous saurons bien les en empêcher.

Aux anciens nobles. — Et vous, de quoi avez-vous peur?

Les anciens nobles. — Nous avons peur qu'on ne finisse par confisquer le peu de bien qui nous reste.

Les libéraux aux nouveaux nobles. — Et vous, de quoi avez-vous peur?

Les nouveaux nobles. — Nous avons peur qu'on ne brûle nos titres de noblesse, comme on le fit en 1792.

Les libéraux aux royalistes constitutionnels. — Et vous, de quoi avez vous peur?

Les royalistes constitutionnels. — Nous avons peur qu'un beau jour on ne décrète par acclamation, *la république, une et indivisible.*

Les libéraux aux conseillers des cours royales. — Et vous, de quoi avez-vous peur?

Les conseillers. — Nous avons peur que des feuilles incendiaires ne demandent bientôt le jugement et la mort de nos princes.

Les libéraux aux électeurs. — Et vous, de quoi avez-vous peur?

Les électeurs. — Nous avons peur que les

nouveaux clubs ne se constituent bientôt accusateurs et juges de leur roi.

Les libéraux aux députés de l'extrême droite. — Et vous, de quoi avez-vous peur ? Vous avez un roi constitutionnel, comme vous le désiriez.

Les députés de l'extrême droite. — Nous avons peur qu'on ne le mène un matin à la barre, et qu'un grave président ne lui dise d'un ton doctoral : *Je vous permets de vous asseoir.*

Les libéraux aux Français. — Soyez tranquilles ! Le roi n'a pas d'ennemis en France, de quoi avez-vous peur ?

Les Français. — Nous avons peur de devenir un jour comme des orphelins qui n'ont plus de père.

Les libéraux aux prolétaires. — Cela va bien, de quoi avez-vous peur ?

Les prolétaires. — Nous avons peur qu'on ne fasse écrire sur toutes les portes: liberté, égalité, fraternité ou la mort.

Les libéraux aux jeunes-gens. — Cela va bien, de quoi avez-vous peur ?

Les jeunes gens. — Nous avons peur qu'on ne nous fasse lever en masse pour la défense de votre liberté dont nous n'avons que faire.

Les libéraux aux capitalistes. — Cela va bien, de quoi avez-vous peur ?

Les capitalistes. — Nous avons peur *qu'on ne batte monnaie sur la place de la révolution.*

Les libéraux aux laboureurs. — Cela va bien, de quoi avez-vous peur ?
Les laboureurs. — Nous avons peur qu'on ne revienne dévaster nos granges et nos moissons.

Les libéraux aux marchands. — Cela va bien, de quoi avez-vous peur ?

Les marchands. — Nous avons peur qu'on ne taxe le prix de nos denrées, et qu'on ne fixe un maximum.

Les libéraux. — Soyez tranquilles ; *il y a dans la nation industrielle un esprit de conservation.*

Aux protestans. — Cela va bien, de quoi avez-vous peur ?

Les protestans. — Nous avons peur que

des comités d'instruction ne soient chargés d'inventer des *cultes raisonnables* pour remplacer les anciens.

Les libéraux aux Français. — Mais enfin, de quoi avez-vous donc peur ?

Les Français. — Nous avons peur que les mauvaises doctrines se propageant dans tous les esprits, avec une licence qu'on nomme *la liberté*, nous ne soyons bientôt précipités dans de nouvelles revolutions.

Les libéraux — Que parlez-vous de révolution ? La révolution est finie. (*d'une voix forte*) Cela va bien, vous êtes tous des peureux.

F I N.

Imprimerie de Jean MARTEL le jeune.
1828.

www.ingramcontent.com/pod-product-compliance
Lightning Source LLC
Chambersburg PA
CBHW071449060426
42450CB00009BA/2354